Impressum
Verlag: BABADADA GmbH, Nedderfeld 112 , 22529 Hamburg
Geschäftsführer / Verlagsleitung: Harald Hof
Druck: Books on Demand GmbH, In de Tarpen 42, 22848 Norderstedt

Imprint
Publisher: BABADADA GmbH, Nedderfeld 112 , 22529 Hamburg, Germany
Managing Director / Publishing direction: Harald Hof
Print: Books on Demand GmbH, In de Tarpen 42, 22848 Norderstedt, Germany

مدرسه

School

کلاس درس
Klassenstuuv
تقسیم کردن
delen
186/2
تخته
Tafel
حیاط مدرسه
Schoolhoff
معلم
Schoolmeester
کاغذ
Papeer
نوشتن
schrieven
خودکار
Sticken
میز تحریر
Schrievdisch
خط کش
Lienholt
کتاب
Book
دانش آموز
Schöler

کیف مدرسه

Ranzel

جامدادی

Feddermapp

مداد

Bleesticken

تراش

Scharpmaker

پاک کن

Radeergummi

دفتر رسم

Tekenblock

2

مدرسه - School

طراحی

Teken

قلم مو

Pinsel

جعبه ی آبرنگ

Malkassen

قیچی

Scheer

چسب

Klever

کتاب تمرین

Heft to'n Öven

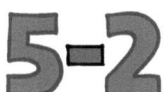

تکلیف خانه

Huusopgaav

12

رقم

Tall

2+2

جمع کردن

tohooptellen

5-2

تفریق کردن

aftrecken

2×2

ضرب کردن

malnehmen

محاسبه کردن

reken

A

حرف الفبا

Bookstaav

ABCDEFG HIJKLMN OPQRSTU VWXYZ

الفبا

ABC

hello

کلمه

Woort

متن

Text

خواندن

lesen

گچ

Kried

درس

Stunn

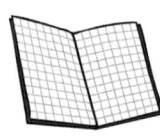

ثبت نام

Klassenbook

امتحان

Pröven

مدرک رسمی

Tüügnis

لباس مدرسه

Schooluniform

تحصیلات

Utbillen

دانشنامه

Nakieksel

دانشگاه

Universität

میکروسکوپ

Mikroskop

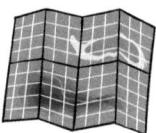

نقشه

Koort

سبد کاغذ باطله

Papeerkorf

هتل
Hotel
مسافرخانه
Harbarg
صرافی
Wesselstuuv
چمدان
Kuffer
اتومبیل
Auto

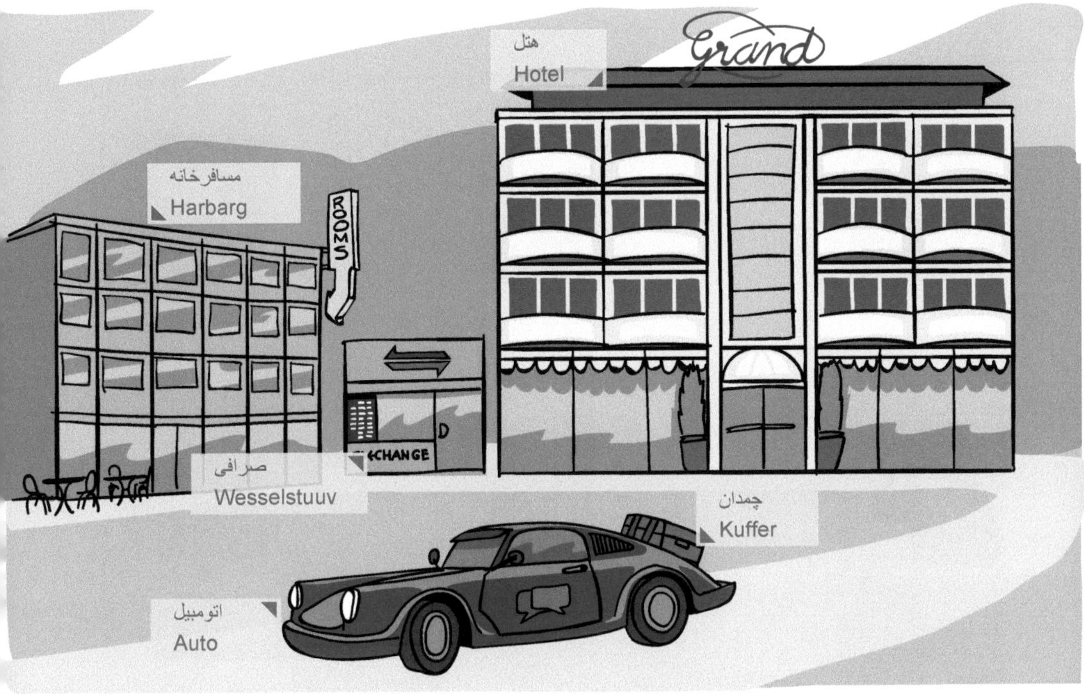

زبان

Spraak

بله / خیر

jo / ne

اَکی

Jo

سلام

Moin

مترجم

Översetter

ممنون

Dank ok

قیمت ... چه قدر است؟

Wat kost…?

من متوجه نمی شوم

Ik verstah nich

مشکل

Problem

عصر بخیر! / شب بخیر!

Goden Avend

صبح بخیر!

Moin!

شب بخیر!

Gode Nacht!

خدانگهدار

Tschüüs

جهت

Richt

بار سفر

Bagaasch

کیف

Tasch

کوله پشتی

Rüchsack

مهمان

Gast

اتاق

Stuuv

کیسهٔ خواب

Slaapsack

خیمه

Telt

مرکز راهنمای گردشگران

Touristeninformatschoon

ساحل

Strand

کارت اعتباری

Kreditkoort

صبحانه

Fröhstück

نهار

Meddageten

شام

Avendeten

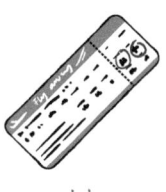

بلیط

Fohrkort

آسانسور

Fohrstohl

مهر

Breefmark

مرز

Grenz

گمرک

Toll

سفارتخانه

Bottschop

ویزا

Visum

گذرنامه

Pass

حمل و نقل

Transport

هواپیما
Fleger
کشتی
Schipp
ماشین آتش نشانی
Füerwehrauto
اتوبوس
Autobus
کامیون
Lastwagen
قایق موتوری
Motoorboot
دوچرخه
Fohrrad
اتومبیل
Auto

کشتی مسافربری

Fähr

قایق

Boot

موتورسیکلت

Motoorrad

ماشین پلیس

Polizeiauto

ماشین مسابقه

Rönnauto

ماشین کرایه ای

Lehnwagen

به اشتراک گذاری اتوموبیل

Carsharing

جرثقیل

Afsleepwagen

ماشین حمل زباله

Müllauto

موتور

Motoor

بنزین

Kraftstoff

پمپ بنزین

Tanksteed

تابلو راهنمایی و رانندگی

Verkehrsschild

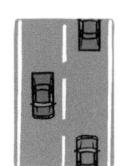

عبور و مرور

Verkehr

ترافیک

Stau

پارکینگ

Afstellplatz

ایستگاه قطار

Bahnhoff

ریل راه آهن

Sporen

قطار

Tog

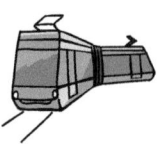

قطار برقی

Stratenbahn

واگن

Wagon

هلیکوپتر

Dwarsmöhl

فرودگاه

Flooghaven

برج

Tower

مسافر

Fohrgast

کانتینر

Grootkist

کارتن

Karton

گاری

Koor

سبد

Korf

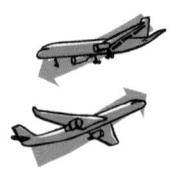

به پرواز درآمدن / فرود آمدن

starten / lannen

شهر

Stadt

دهکده

Dörp

مرکز شهر

Binnenstadt

خانه

Huus

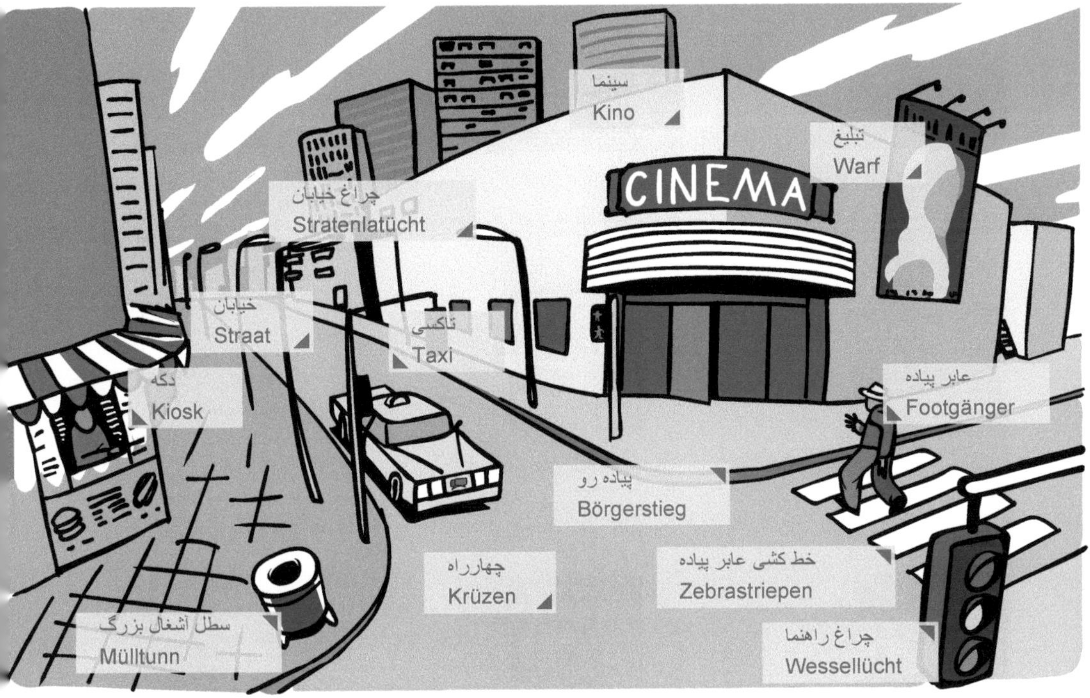

سینما
Kino

تبلیغ
Warf

چراغ خیابان
Stratenlatücht

خیابان
Straat

تاکسی
Taxi

دکه
Kiosk

عابر پیاده
Footgänger

پیاده رو
Börgerstieg

چهارراه
Krüzen

خط کشی عابر پیاده
Zebrastriepen

سطل آشغال بزرگ
Mülltunn

چراغ راهنما
Wessellücht

کلبه

Hütt

آپارتمان

Wahnung

ایستگاه قطار

Bahnhoff

ساختمان شهرداری

Raathuus

موزه

Museum

مدرسه

School

دانشگاه
Universität

بانک
Bank

بیمارستان
Krankenhuus

هتل
Hotel

داروخانه
Afteek

اداره
Büro

کتابفروشی
Bookhökerie

مغازه
Hökerie

گل فروشی
Blomenhökerie

سوپرمارکت
Supermarkt

بازار
Markt

فروشگاه بزرگ
Koophuus

ماهی فروش
Fischhökerie

مرکز خرید
Inkoopszentrum

بندر
Haven

پارک
....
Parkanlaag

نیمکت
....
Bank

پل
....
Brüch

پله
....
Trepp

مترو
....
Ünnergrundbahn

تونل
....
Tunnel

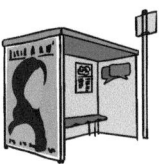

ایستگاه اتوبوس
....
Busstoppsteed

میخانه
....
Bar

رستوران
....
Spieslokal

صندوق پست
....
Breefkassen

تابلوی خیابان
....
Stratenschild

دستگاه پارکومتر
....
Parkklock

باغ وحش
....
Deertenpark

استخر شنای عمومی
....
Baadanstalt

مسجد
....
Moschee

مزرعه

Buernhoff

آلودگی محیط زیست

Ümweltversmudden

قبرستان

Karkhoff

کلیسا

Kark

زمین بازی

Speelplatz

معبد

Tempel

چشم انداز

Landschop

برگ
Blatt

تابلوی راهنمای مسیر
Wiespahl

راه
Weg

چمنزار
Wisch

سنگ
Steen

راه نورد
Wannerer

درخت
Boom

رودخانه
Fluss

چمن
Gras

گل
Bloom

دره

Daal

تپه

Barg

دریاچه

See

جنگل

Holt

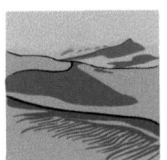

بیابان

Wööst

کوه آتشفشان

Füerspien Barg

قلعه

Slott

رنگین کمان

Regenbagen

قارچ

Poggenstohl

درخت نخل

Palm

پشه

Steekmück

مگس

Fleeg

مورچه

Miegeemk

زنبور

Imm

عنکبوت

Spinn

سوسک

Sebber

قورباغه

Pogg

سنجاب

Katteker

جوجه تیغی

Swienegel

خرگوش صحرایی

Haas

جغد

Uul

پرنده

Vagel

قو

Swaan

گراز

Wildswien

گوزن نر

Hirsch

گوزن شمالی

Elk

سد آب

Staudamm

توربین بادی

Windrad

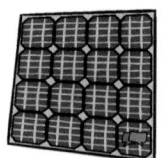

صفحه ی خورشیدی

Solarmodul

آب و هوا

Klima

رستوران
Spieslokal

Kellner
منوی غذا
Spieskoort
صندلی
Stohl
سوپ
Supp
پیتزا
Pizza
سرویس کارد و قاشق و چنگال
Bestick
رومیزی
Dischdeek

پیش‌غذا
Vörspies

غذای اصلی
Haupteten

دسر
Nadisch

نوشیدنی ها
Drünk

غذا
Eten

بطری
Buddel

فست فود

Fastfood

اغذیه خیابانی

Strateneten

قوری

Teekann

قندان

Zuckerdoos

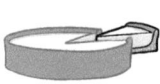

پُرس غذا

Portschoon

دستگاه اسپرسو

Espressomaschien

صندلی پایه بلند غذاخوری بچه

Hoochstohl

صورتحساب

Reken

سینی

Tablett

چاقو

Mess

چنگال

Gavel

قاشق

Lepel

قاشق چایخوری

Teelepel

دستمال سفره

Munddook

لیوان

Glas

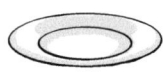

بشقاب
....
Töller

بشقاب سوپخوری
....
Suppentöller

نعلبكى
....
Ünnertass

سس
....
Sooß

نمكدان
....
Soltstreuer

فلفل ساب
....
Pepermöhl

سركه
....
Etig

روغن خوراكى
....
Ööl

ادويه جات
....
Krüder

سس كچاپ
....
Ketchup

سس خردل
....
Mostrich

سس مايونز
....
Mayonnaise

سوپرمارکت
Supermarkt

پیشنهاد ویژه
Anbott
مشتری
Kunn
لبنیات
Melkprodukten
میوه جات
Aaft
چرخ دستی خرید
Inkoopswagen

قصابی
....
Slachterie

نانوایی
....
Bäckerie

وزن کردن
....
wegen

سبزیجات
....
Gröönsaken

گوشت
....
Fleesch

غذای منجمد
....
Deepköhlkost

مخلوطی از انواع کالباس یا پنیر که
ورقه ای بریده شده باشند

Opsnitt

غذای کنسروی

Konserven

پودر لباسشویی

Waschmiddel

شیرینی جات

Snoopkraam

لوازم خانگی

Huushooltssaken

ماده شوینده و پاک کننده

Reinmaaktüüch

فروشنده

Verköpersche

صندوق پرداخت

Kass

صندوقدار

Kasserer

لیست خرید

Inkoopslist

ساعات کار

Opsparrtieden

کیف پول

Breeftasch

کارت اعتباری

Kreditkoort

کیف

Tasch

کیسه ی پلاستیکی

Plastiktüüt

نوشیدنی ها
Drünk

آب

Water

آبمیوه

Saft

شیر

Melk

نوشابه کوکاکولا

Cola

شراب

Wien

آبجو

Beer

الکل

Spriet

کاکائو

Kakao

چای

Tee

قهوه

Koffie

قهوه اسپرسو

Espresso

کاپوچینو

Cappucino

موز

Banaan

سیب

Appel

پرتقال

Appelsien

انواع هندوانه و خربزه

Meloon

لیمو

Zitroon

هویج

Wöttel

سیر

Knuuvlook

نی بامبو

Bambus

پیاز

Zibbel

قارچ

Poggenstohl

آجیل

Nööt

ماکارونی

Nudeln

اسپاگتی
....
Spaghetti

برنج
....
Ries

سالاد
....
Salat

سیب زمینی سرخ کرده
....
Pommes frites

سیب زمینی سرخ شده
....
Braadkantüffeln

پیتزا
....
Pizza

همبرگر
....
Hamborger

ساندویچ
....
Sandwich

شنیتسل
....
Snitzel

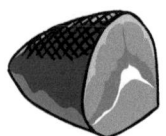

ژامبون خوک
....
Schinken

سالامی
....
Salami

سوسیس
....
Wust

مرغ
....
Hohn

نوعی گوشت سرخ شده
....
Braden

ماهی
....
Fisch

جوی پرک شده

Haverflocken

نوعی صبحانه مخلوطی از برگه ذرت و
میوه های خشک شده و خشکبار که
معمولا با شیر خورده می شود

Müsli

کورن‌فلکس

Cornflakes

آرد

Mehl

کرواسان

Croissant

نان بروتشن

Rundstück

نان

Broot

نان تست

Toast

بیسکویت

Keksen

گره

Botter

کشک

Quark

کیک

Koken

تخم مرغ

Ei

تخم مرغ نیمرو

Spegelei

پنیر

Kees

بستنی

Ies

شکر

Zucker

عسل

Honnig

مربا

Marmelaad

کرم شکلاتی بادامی

Nougat-Creme

ادویه کاری

Curry

مزرعه

Buernhoff

خانه ی مزرعه داران
Buernhuus
انبار غله
Schüün
خرمن گاه
Strohballen
مزرعه
Feld
اسب
Peerd
ماشین یدک کش
Hänger
تراکتور
Trecker
کره اسب
Fahlen
خر
Esel
گوسفند
Schaap
بره
Lamm

بز

Zeeg

گاو ماده

Koh

گوساله

Kalf

خوک

Swien

بچه خوک

Farken

گاو نر

Bull

مزرعه - Buernhoff

غاز
....
Goos

اردک
....
Aant

جوجه
....
Küken

مرغ
....
Hohn

خروس
....
Hahn

موش صحرایی
....
Rott

گربه
....
Katt

موش
....
Muus

گاو نر اخته
....
Oss

سگ
....
Hund

لانه ی سگ
....
Hunnenhütt

شلنگ باغبانی
....
Goornslauch

آبپاش
....
Geetkann

داس دسته بلند
....
Lee

گاوآهن
....
Ploog

داس
Sich

کج بیل
Hack

چنگک باغبانی
Mestfork

تبر
Ext

فرقون
Schuufkoor

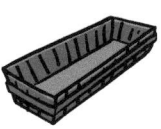

آبشخور
Trog

بطری نگهداری شیر
Melkkann

کیسه
Sack

حصار
Tuun

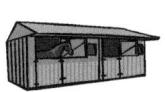

اصطبل
Stall

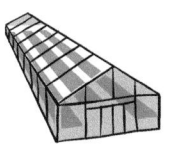

گلخانه
Drievhuus

خاک
Bodden

بذر
Saat

کود
Dünger

ماشین کمباین
Meihdöscher

برداشت کردن محصول

oornen

محصول

Oorn

تمیس

Yamswöttel

گندم

Weten

سویا

Soja

سیب زمینی

Kantüffel

ذرت

Törksche Weten

کلزا

Rapp

درخت میوه

Aaftboom

گیاه مانیوک

Troopsch Kantüffel

غلات

Koorn

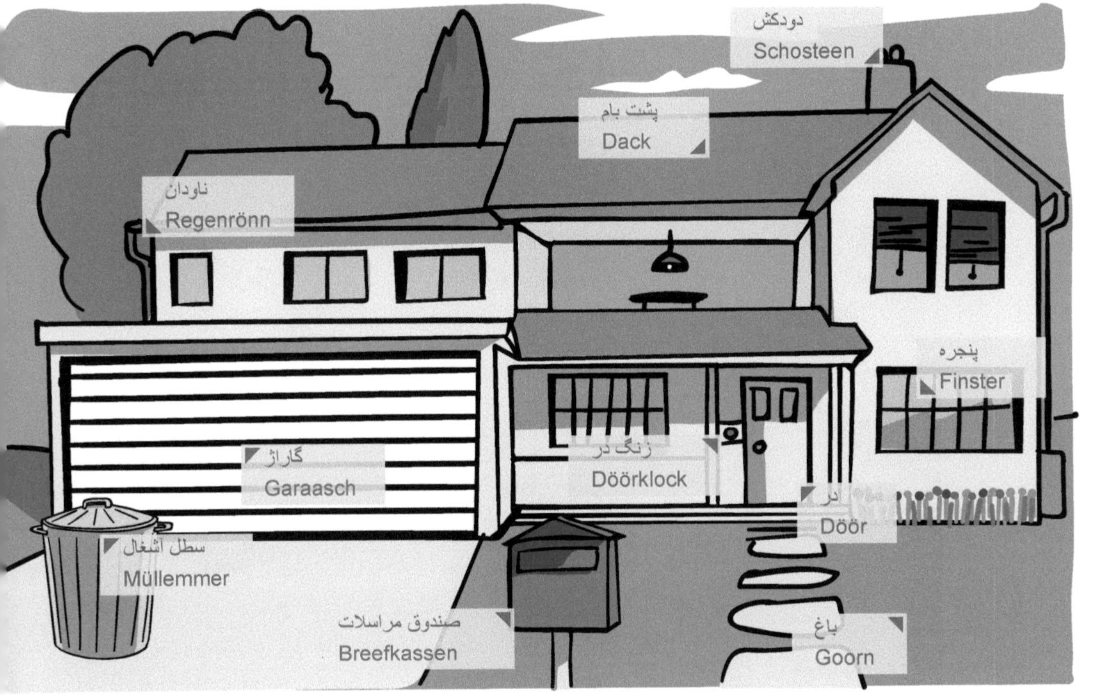

Huus

دودكش
Schosteen

پشت بام
Dack

ناودان
Regenrönn

پنجره
Finster

گاراژ
Garaasch

زنگ در
Döörklock

در
Döör

سطل آشغال
Müllemmer

صندوق مراسلات
Breefkassen

باغ
Goorn

اتاق نشیمن
Wahnstuuv

حمام
Baadstuuv

آشپزخانه
Köök

اتاق خواب
Slaapstuuv

اتاق بچه
Kinnerstuuv

ناهارخوری
Eetstuuv

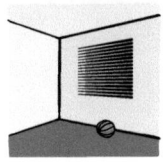

كف زمين

Footbodden

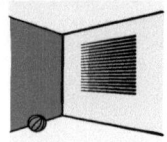

ديوار

Wand

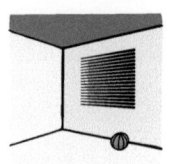

سقف

Deek

زيرزمين

Keller

سونا

Hittluftbad

بالكن

Balkon

تراس

Terrass

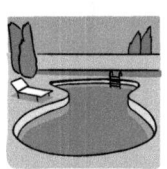

استخر

Swümmbad

ماشين چمنزنى

Rasenmeiher

ملافه

Bettbetog

روتختى

Bettdeek

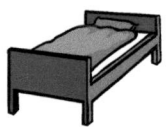

تخت خواب

Puuch

جارو

Bessen

سطل

Emmer

سويچ يا كليد

Schalter

اتاق نشیمن
Wahnstuuv

کاغذ دیواری
Tapeet
عکس
Bild
لامپ
Lamp
قفسه
Regal
کابینت
Schapp
تلویزیون
Kiekkassen
شومینه
Kamin
گل
Bloom
کوسن
Küssen
کاناپه
Sofa
گلدان
Vaas
کنترل تلویزیون و ویدئو و غیره
Feernbedenen

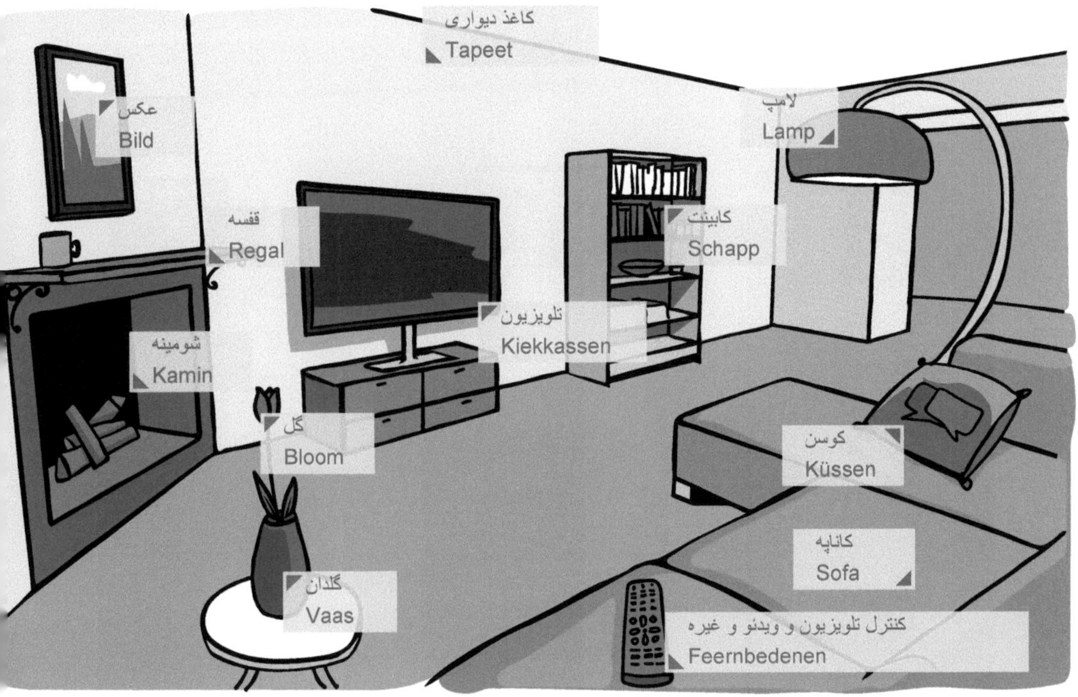

فرش

Teppich

پرده

Vörhang

میز

Disch

صندلی

Stohl

صندلی گهواره ایی

Schuckelstohl

صندلی راحتی

Sessel

كتاب

Book

لحاف

Deek

دكوراسيون

Dekoratschoon

هيزم

Füerholt

فيلم

Film

دستگاه ضبط صوت

Stereoanlaag

كليد

Slötel

روزنامه

Narichtenblatt

تابلو نقاشی

Gemälde

پوستر

Poster

راديو

Radio

دفترچه يادداشت

Opschrievblock

جاروبرقی

Huulbessen

كاكتوس

Kaktus

شمع

Kars

آشپزخانه

Köök

یخچال
Köhlschapp
ماکروویو
Mikrowell
Kökenwaag
تُستر
Toaster
ماده شوینده و پاک کننده
Reinmaakmiddel
فر خوراک پزی
Backaven
جایخی
Gefreerfack
سطل آشغال
Müllemmer
ماشین ظرفشویی
Opwaschmaschien

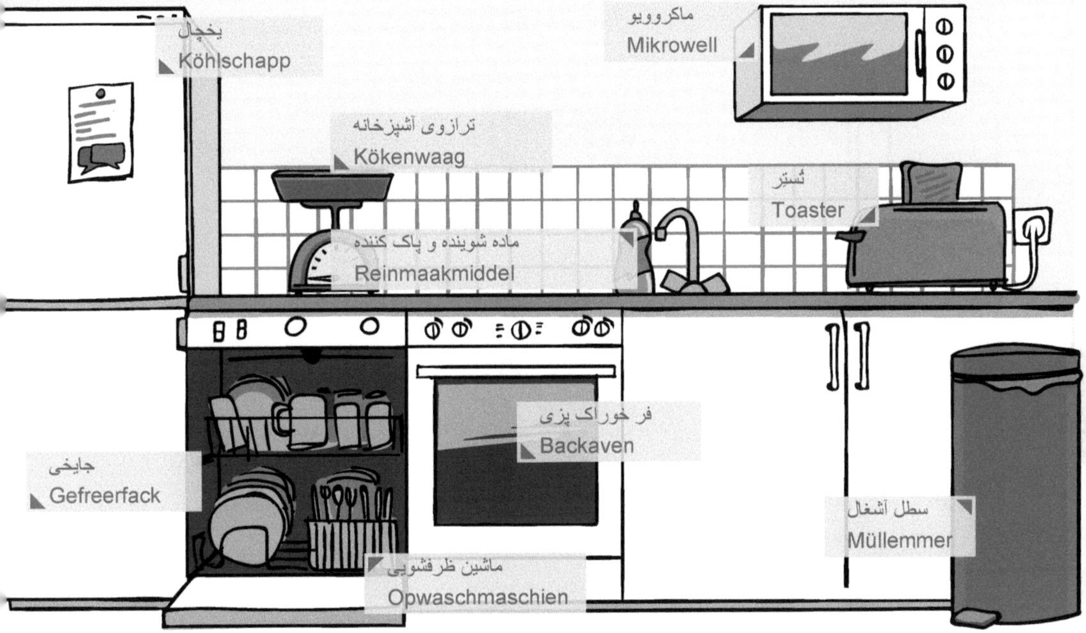

اجاق گاز

Heerd

قابلمه

Pott

قابلمه چدنی

Gussiesern Putt

ماهی تابه گود

Wok / Kadai

ماهی تابه

Pann

کتری

Waterkaker

بخارپز

Dampkaakputt

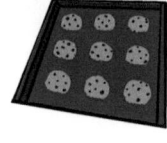

سینی فر

Backblick

ظرف چینی آشپزخانه

Geschirr

لیوان

Beker

کاسه

Schaal

چاپستیک

Eetsticken

ملاقه

Suppenkell

کفگیر

Pannenwenner

همزن

Sneebessen

آبکش

Kaakseef

آبکش

Seef

رنده

Riev

هاون

Mörser

باربیکیو

Grill

محل مخصوص افروختن آتش

Füerstell

تخته گوشت و سبزی

Sniedbrett

وردنه

Nudelholt

در بطری بازکن

Proppentrecker

قوطی

Doos

در قوطی بازکن

Dosenaapner

دستگیره پارچه ای

Pottlappen

سینک ظرفشویی

Waschbecken

برس گردگیری

Böst

اسفنج

Swamm

مخلوط کن

Mixer

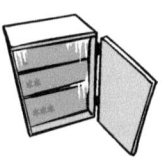

فریزر

Iesschapp

شیشه شیر بچه

Nuckelbuddel

شیر آب

Waterhahn

حمام

Baadstuuv

بخاری
Heizung
دوش
Bruus
حوله
Handdook
پرده ی حمام
Bruusvörhang
حمام کف
Schuumbad
وان حمام
Baadwann
لیوان
Glas
ماشین لباسشویی
Waschmaschien
شیر آب
Waterhahn
کاشی
Fliesen
لگن دستشویی کودکان
lütte Putt
سینک ظرفشویی
Waschbecken

توالت

Tante Meier

توالت ایرانی

Hockklo

کاسه توالت

Bidet

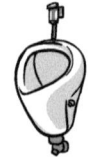

توالت مخصوص آقایان

Miegbecken

دستمال توالت

Klopapeer

فرچه توالت

Kloböst

مسواک

Tähnböst

خمیردندان

Tähnpast

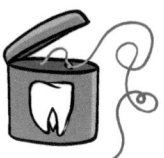

نخ دندان

Tähnsied

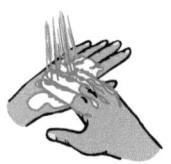

شستن

waschen

دوش آب تلفنی

Handbruus

شلنگ توالت

Intimbruus

لگن روشویی

Waschschöttel

برس شست و شوی پشت

Rüchböst

صابون

Seep

شامپو بدن

Bruusgeel

شامپو

Hoorwaschmiddel

لیف حمام

Waschlappen

راه آب

Afloop

کرم

Creme

اسپری دئودورانت

Deodorant

آیینه

Spegel

آیینه ی کوچک دستی

Kosmetikspegel

تیغ ریش تراشی

Raserer

کف ریش تراشی

Raseerschuum

آفترشیو

Raseerwater

شانه ی سر

Kamm

برس

Böst

سشوار

Hoordröger

اسپری مو

Hoorspray

آرایش

Smink

رژلب

Lippensticken

لاک ناخن

Nagellack

پنبه

Watt

قیچی ناخن

Nagelscheer

عطر

Rüükwater

کیف لوازم آرایشی و بهداشتی

Kulturbüdel

چهارپایه

Schemel

ترازو

Waag

حوله ی پالتویی

Baadmantel

دستکش ظرفشویی

Gummihanschen

تامپون

Tampon

نوار بهداشتی

Damenbinn

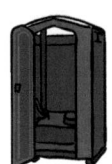

توالت سیار

Chemieklo

اتاق بچه
Kinnerstuuv

ساعت زنگدار
Wecker
نوعی عروسک نرم به شکل حیوانات
Knudeldeert
ماشین اسباب بازی
Speeltüüchauto
جغجغه
Klöter
خانه ی عروسکی
Poppenhuus
کادو
Geschenk

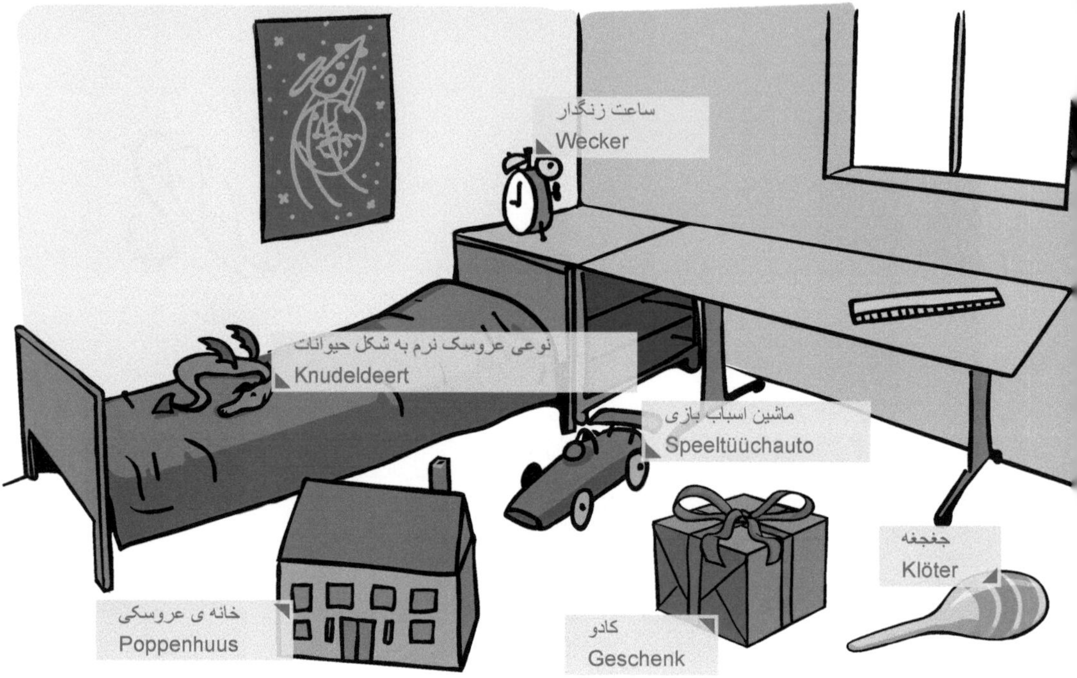

بادکنک
Luftballon

تخت خواب
Puuch

کالسکه بچه
Kinnerwagen

بازی ورق
Koortenspeel

پازل
Puzzle

داستان مصور
Billergeschicht

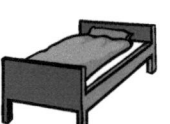

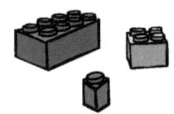

اسباب بازی لگو

Legostenen

خانه سازی

Bustenen

عروسک شخصیت های فیلم و کارتون

Action-Figur

لباس نوزاد

Strampelantog

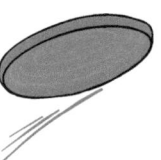

فریزبی

Frisbeeschiev

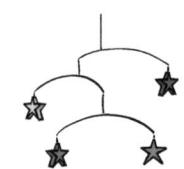

نوعی اسباب بازی که روی تخت نوزاد
یا کودک نصب می شود

Mobile

بازی روی صفحه

Brettspeel

تاس

Wörpel

قطار اسباب بازی

Modelliesenbahn

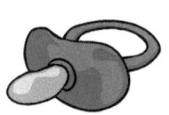

پستانک

Snuller

مهمانی

Party

کتاب مصور

Billerbook

توپ

Ball

عروسک

Popp

بازی کردن

spelen

جعبه شنی مخصوص بازی کودکان

Sandkassen

تاب

Schuckel

اسباب بازی

Speeltüüch

کنسول بازی های کامپیوتری

Speelkonsool

سه چرخه

Dreerad

خرس عروسکی

Teddyboor

کمد لباس

Kleederschapp

لباس

Tüüch

جوراب

Socken

جوراب زنانه ساق بلند

Strümp

جوراب شلواری

Strumpbüx

شال
Halsdook

چتر
Paraplü

تی شرت
T-Shirt

کمربند
Liefreem

پوتین
Stevel

دمپایی
Puuschen

کفش ورزشی کتانی
Turnschoh

صندل
....
Sandalen

کفش
....
Schoh

چکمه پلاستیکی
....
Gummistevel

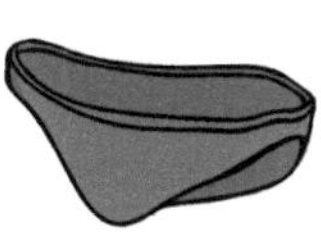

شرت
....
Ünnerbüx

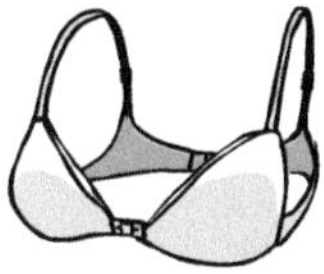

سوتین
....
Bostholler

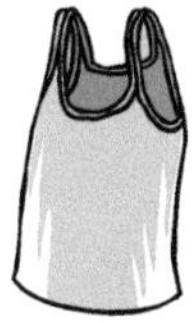

جلیقه
....
Ünnerhemd

بادی
....
Lief

شلوار
....
Büx

جین
....
Jeansnüx

دامن
....
Rock

بلوز
....
Bluus

پیراهن
....
Hemd

پولیور
....
Pullover

سویی شرت
....
Kapuzenpullover

نوعی کت
....
Blazer

ژاکت
....
Jack

کت بلند
....
Mantel

بارانی
....
Övertrecker

لباس نمایش
....
Kostüm

لباس
....
Kleed

لباس عروس
....
Hochtietskleed

كت و شلوار

Antog

لباس خواب زنانه

Nachtkleed

پیژامه

Slaapantog

ساری

Sari

روسری

Koppdook

عمامه

Turban

برقع

Burka

قبا

Kaftan

عبا

Abaya

لباس شنا

Baadantog

شرت شنا

Baadbüx

شلوارک

Korte Büx

لباس ورزشی

Antog to'n Öven

پیشبند

Schört

دستکش

Handschoh

دکمه

Knopp

عینک

Brill

دستبند

Armband

گردنبند

Halskeed

انگشتر

Ring

گوشواره

Ohrbummel

کلاه لبه دار

Mütz

چوب لباسی

Klederbögel

کلاه

Hoot

کراوات

Binner

زیپ

Rietslüter

کلاه ایمنی

Helm

بند شلوار

Drachtband

لباس مدرسه

Schooluniform

لباس فرم

Uniform

پیش بند بچه

Severböten

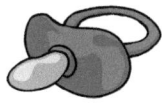

پستانک

Snuller

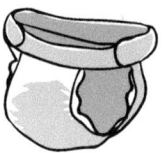

پوشک بچه

Winnel

اداره

Büro

سرور
Server
کمد نگهداری پرونده
Aktenschapp
چاپگر
Drucker
کاغذ
Papeer
مانیتور
Bildschirm
ماوس
Muus
میز تحریر
Schrievdisch
زونکن
Orner
صفحه کلید
Knoopboord
سبد کاغذ باطله
Papeerkorf
کامپیوتر
Computer
صندلی
Stohl

لیوان قهوه

Koffiebeker

ماشین حساب

Taschenreekner

اینترنت

Internet

لپ تاپ

Klappreekner

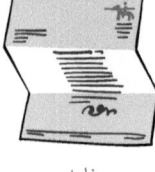

نامه

Breef

پیغام

Naricht

تلفن همراه

Ackersnacker

شبکه ی ارتباطی

Nettwark

دستگاه فتوکپی

Kopeerapparat

نرم افزار

Software

تلفن

Klöönkassen

پریز

Steekdoos

دستگاه فاکس

Faxapparat

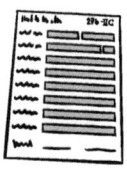

فرم

Formulor

مدرک

Dokument

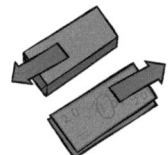

خریدن

köpen

پرداخت کردن

betahlen

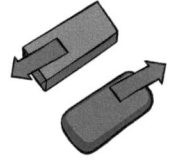

تجارت کردن

hanneln

پول

Geld

 USD

دلار

Dollar

 EUR

یورو

Euro

 JPY

ین

Yen

 RUB

روبل

Ruvel

 CHF

فرانک سوئیس

Swiezer Franken

 CNY

یوان رنمینبی

Renminbi Yuan

 INR

روپیه

Rupie

دستگاه خودپرداز

Geldautomat

صرافى

Wesselstuuv

طلا

Gold

نقره

Sülver

نفت

Ööl

انرژى

Energie

قيمت

Pries

قرارداد

Verdrag

ماليات

Stüer

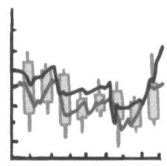

سهام سرمايه

Andeelschien

كار كردن

arbeiden

كارمند

Anstellte

كارفرما

Arbeitgever

كارخانه

Fabrik

مغازه

Hökerie

مشاغل
Profeschonen

مامور پلیس
Wachtmeester
آتش نشان
Füerwehrmann
آشپز
Kock
دکتر
Dokter
خلبان
Fleger

باغبان

Goorner

نجار

Discher

خیاط زنانه

Neihersche

قاضی

Richter

شیمیدان

Chemiker

بازیگر

Schauspeler

راننده اتوبوس

Busfohrer

راننده تاکسی

Taxifohrer

ماهیگیر

Fischer

نظافتچی زن

Reinmaakfru

سقف ساز

Dackdecker

پیشخدمت رستوران

Kellner

شکارچی

Jäger

نقاش

Maler

نانوا

Bäcker

برقکار

Elektriker

کارگر ساختمانی

Buarbeider

مهندس

Ingenieur

قصاب

Slachter

لوله کش

Klempner

پستچی

Postbüdel

سرباز

Suldat

معمار

Architekt

صندوقدار

Kasserer

گل فروش

Florist

آرایشگر

Putzbüdel

مامور کنترل بلیط در قطار

Schaffner

مکانیک

Mechaniker

ناخدا

Kaptein

دندانپزشک

Tähndokter

دانشمند

Wetenschopler

عالم یهودی

Rabbi

امام

Imam

راهب

Mönk

کشیش

Paap

ابزارآلات
Warktüüch

انبردست
Tang
چکش
Hamer
پیچ گوشتی
Schruvendreiher
چراغ قوه
Taschenlamp
آچار
Schruvenslötel

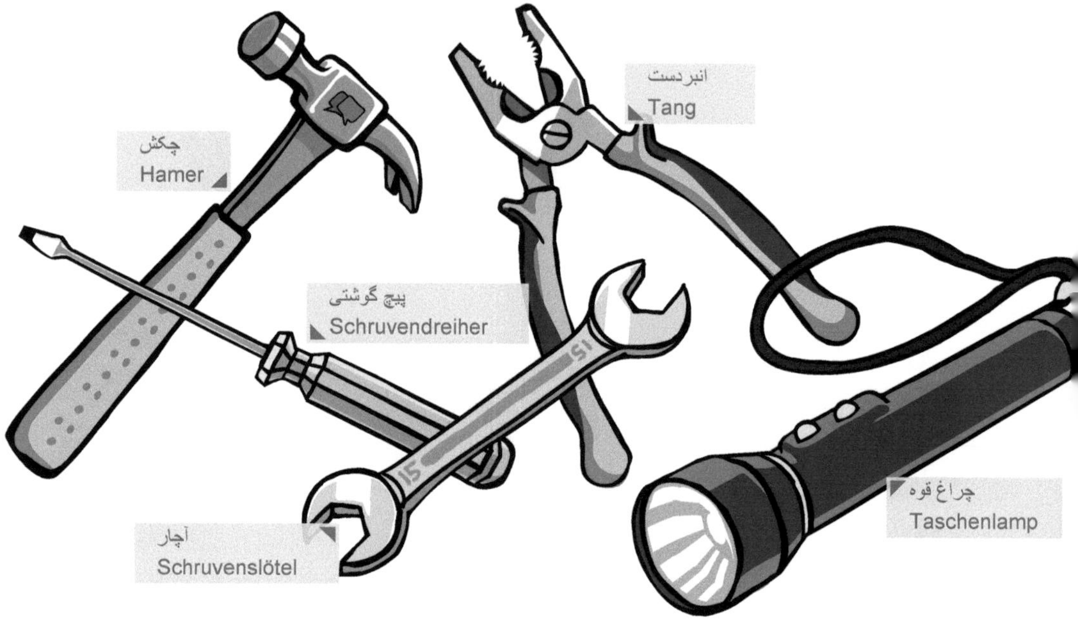

بیل مکانیکی

Grieper

جعبه ابزار

Warktüüchkassen

نردبان

Ledder

ارّه

Saag

میخ

Nagels

مته

Bohrer

تعمیر کردن

heelmaken

بیل

Schüffel

لعنتی!

Schiet!

خاک انداز

Kehrblick

سطل رنگرزی

Farvpott

پیچ

Schruven

آلات موسیقی
Musikinstrumenten

درامز
Slagtüüch

بلندگو
Luutsnacker

کنترباس
Bass-Vigelien

ترومپت
Trumpeet

گیتار
Rietfiedel

پیانو

Klaveer

ویولن

Vigelien

گیتار بیس

Bass

تیمپانی

Pauk

طبل

Trummeln

کیبورد الکتریک

Keyboard

ساکسیفون

Saxophon

فلوت

Fleut

میکروفون

Mikrofoon

باغ وحش
Deertenpark

ورودی
Ingang
Tiger
قفس
Käfig
گورخر
Zebra
خوراک حیوانات
Deertenfoder
خرس پاندا
Panda-Boor

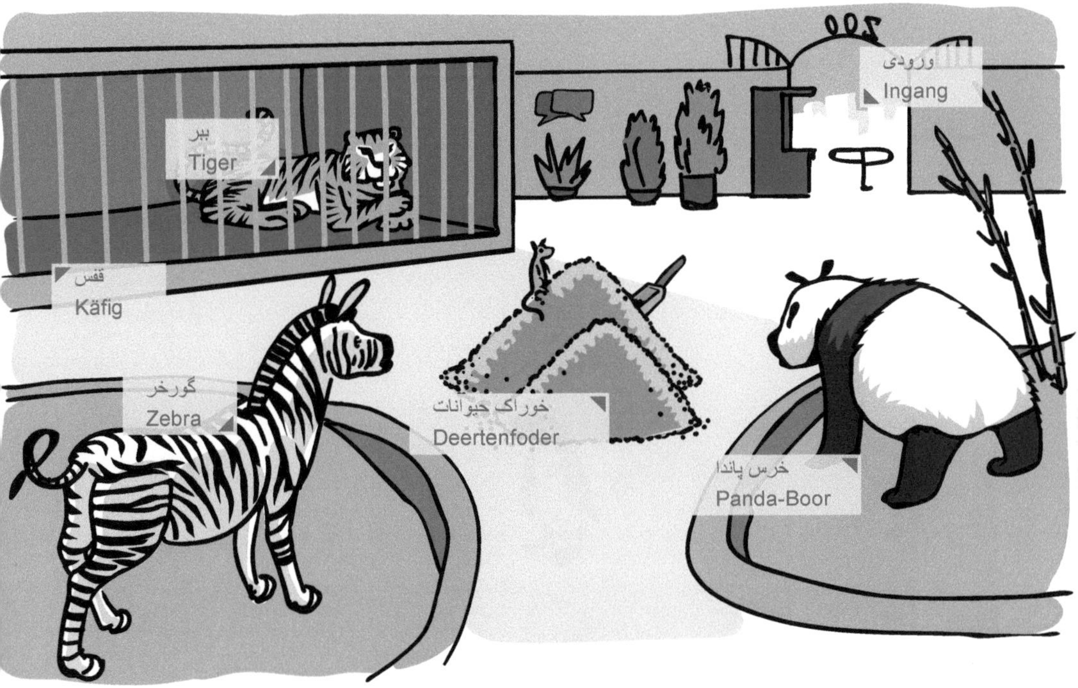

حیوانات
Deerten

فیل
Elefant

کانگورو
Känguru

کرگدن
Neeshoorn

گوریل
Gorilla

خرس
Boor

شتر

Kameel

شترمرغ

Struuß

ﺷﯿﺮ

Lööv

ميمون

Aap

فلامينگو

Flamingo

طوطی

Papagoi

خرس قطبی

Iesboor

پنگوئن

Pinguin

کوسه

Haifisch

طاووس

Pageluun

مار

Slang

تمساح

Krokodil

نگهبان باغ وحش

Oppasser in'n Deertenpark

خوک آبی

Saalhund

پلنگ امریکایی

Jaguor

اسب کوچک

Pony

پلنگ

Leopard

اسب آبی

Nilpeerd

زرافه

Giraff

عقاب

Aadler

گراز

Wildswien

ماهی

Fisch

لاک پشت

Schildkrööt

شیرماهی

Walross

روباه

Voss

غزال

Gazell

ورزش ها

Sport

فوتبال آمریکایی
Amerikaansch Football
دوچرخه سواری
Radfohren
تنیس
Tennis
بسکتبال
Korfball
شنا
Swümmen
بوکس
Boxen
هاکی روی یخ
Ieshockey

فوتبال

Football

بدمینتون

Fedderball

دوومیدانی

Leichtathletik

هندبال

Handball

اسکی

Skilopen

پولو

Polo

فعالیت ها

Aktivitäten

خندیدن
lachen
پریدن
springen
بغل کردن
ümarmen
راه رفتن
gahn
آواز خواندن
singen
رؤیا دیدن
drömen
دعا کردن
beden
بوسیدن
snuteln

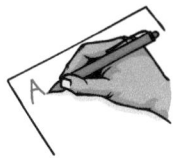

نوشتن

schrieven

رسم کردن

teken

نشان دادن

wiesen

هل دادن

drücken

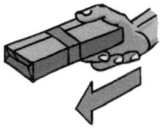

دادن

geven

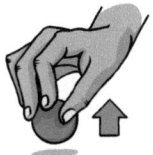

برداشتن

nehmen

داشتن

hebben

انجام دادن

doon

بودن

sien

ایستادن

stahn

دویدن

lopen

کشیدن

trecken

پرتاب کردن

smieten

افتادن

fallen

دراز کشیدن

liggen

منتظر بودن

töven

حمل کردن

dregen

نشستن

sitten

لباس پوشیدن

antrecken

خوابیدن

slapen

بیدار شدن

opwaken

تماشا کردن

ankieken

گریه کردن

wenen

نوازش کردن

eien

شانه کردن

kämmen

حرف زدن

snacken

فهمیدن

verstahn

پرسیدن

fragen

شنیدن

hören

آشامیدن

drinken

خوردن

eten

مرتب کردن

oprümen

عاشق بودن

leefhebben

پختن

kaken

رانندگی کردن

fohren

پرواز کردن

flegen

قایقرانی کردن

segeln

محاسبه کردن

reken

خواندن

lesen

یاد گرفتن

lehren

کار کردن

arbeiden

ازدواج کردن

de Plünnen tohoopsmieten

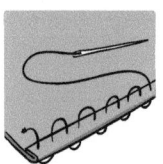

دوختن

neihen

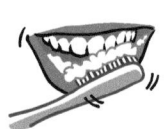

مسواک زدن

Tähnen putzen

کشتن

dootmaken

سیگار کشیدن

smöken

فرستادن

schicken

خانواده

Familje

مادربزرگ
Grootmoder
پدربزرگ
Grootvadder
پدر
Vadder
مادر
Moder
کودک
Winnelkind
فرزند دختر
Dochter
فرزند پسر
Söhn

مهمان

Gast

خاله، عمه

Tant

دایی، عمو

Unkel

برادر

Broder

خواهر

Süster

بدن
Lief

پیشانی
Vörkopp
چشم
Oog
شانه
Schuller
انگشت دست
Finger
صورت
Gesicht
چانه
Kinn
دست
Hand
سینه
Bost
ساق پا
Been
بازو
Arm

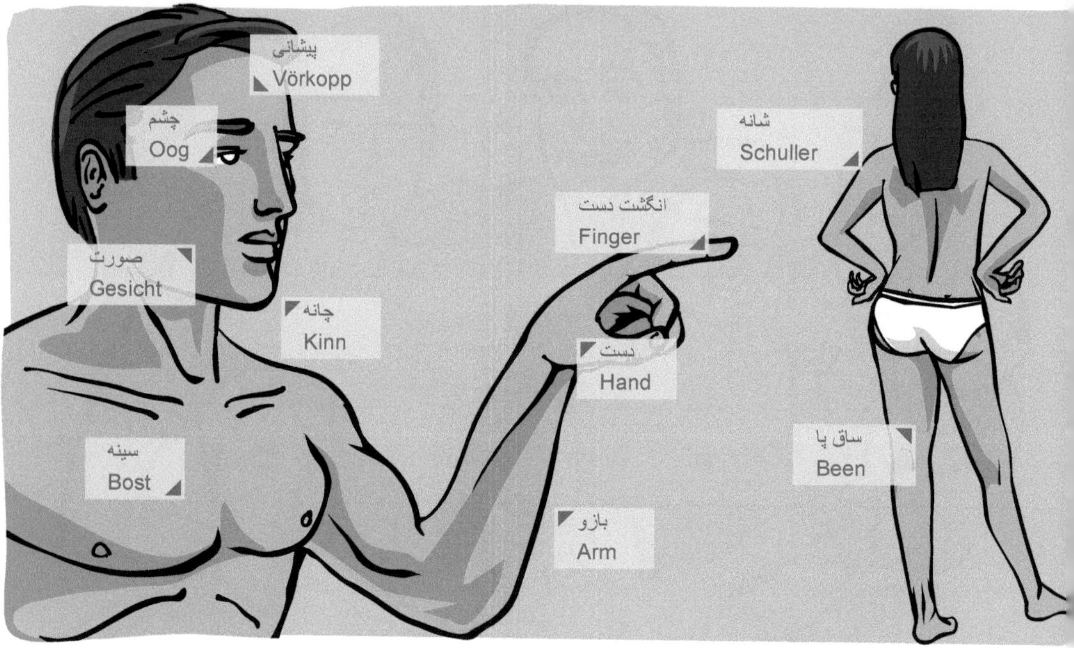

کودک
Winnelkind

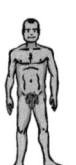

مرد
Mann

زن
Fro

دخترېچه
Deern

پسربچه
Jung

کله
Arm

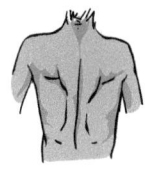

کمر

Rüch

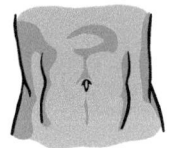

شکم

Buuk

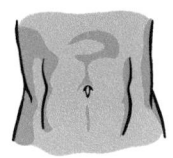

ناف

Navel

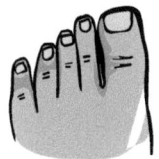

انگشت پا

Teh

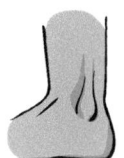

پاشنه

Hack

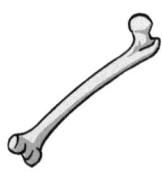

استخوان

Knaken

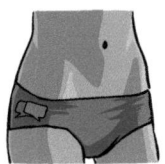

لگن

Hüft

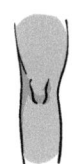

زانو

Knee

آرنج

Ellbagen

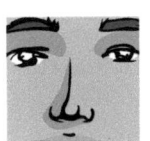

بینی

Nees

نشیمنگاه

Achtersen

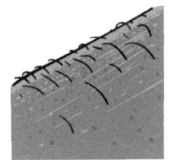

پوست

Huut

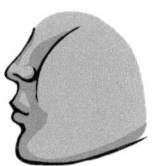

گونه

Back

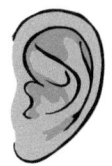

گوش

Ohr

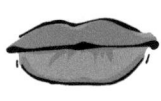

لب

Lipp

دهان
....
Mund

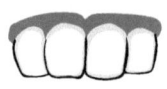

دندان
....
Tähn

زبان
....
Tung

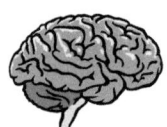

مغز
....
Bregen

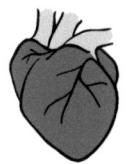

قلب
....
Hart

عضله
....
Muskel

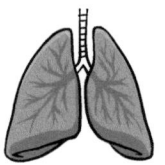

ريه
....
Lung

كبد
....
Lever

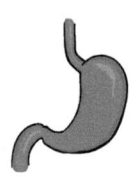

معده
....
Maag

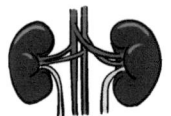

كليه
....
Neren

آميزش جنسى
....
Bislaap

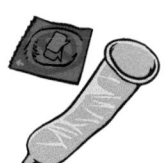

كاندوم
....
Kondoom

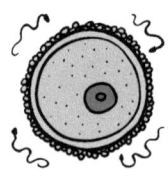

تخمك
....
Eizell

اسپرم
....
Sperma

حاملگى
....
Anner Ümstänn

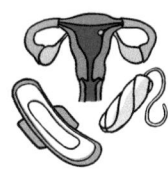

پریود
....
Menstruatschoon

واژن
....
Scheed

آلت تناسلی مرد
....
Pint

ابرو
....
Ogenbroe

مو
....
Hoor

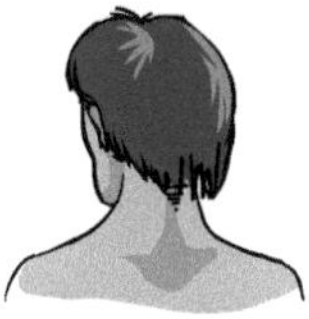

گردن
....
Hals

بیمارستان
Krankenhuus

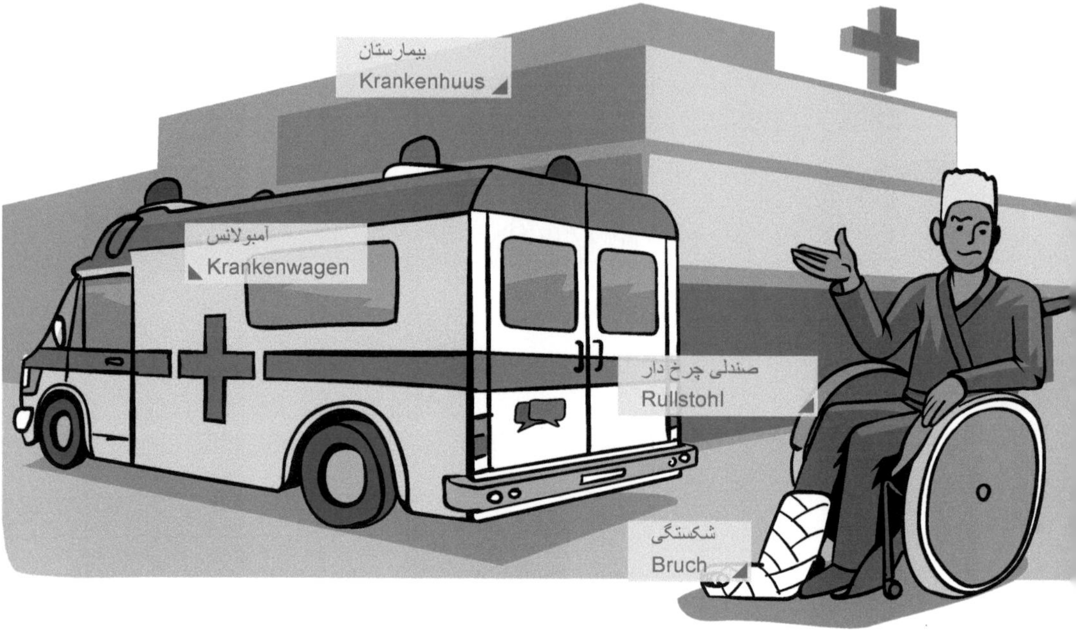

بیمارستان
Krankenhuus
آمبولانس
Krankenwagen
صندلی چرخ دار
Rullstohl
شکستگی
Bruch

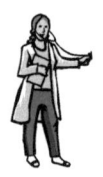

دکتر

Dokter

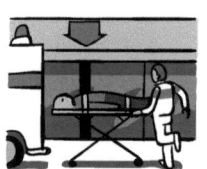

بخش اورژانس

Nootopnahm

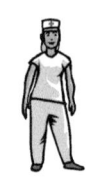

پرستار

Krankensüster

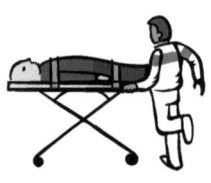

موقعیت اضطراری

Nootfall

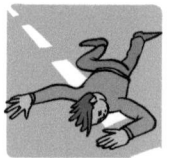

بی هوش

ahnmächtig

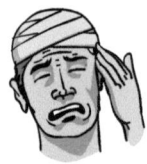

درد

Wehdaag

مصدوميت

Verwunnen

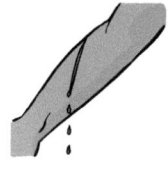

خونريزى

Blöden

سكته قلبى

Hartinfarkt

سكته مغزى

Slaganfall

آلرژى

Allergie

سرفه

Hoosten

تب

Fever

آنفولانزا

Gripp

اسهال

Dörchfall

سردرد

Koppwehdaag

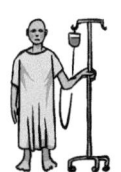

سرطان

Kreeft

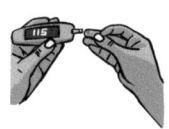

ديابت

Zuckersüük

جراح

Chirurg

چاقوى جراحى

Chirurgsch Mess

عمل جراحى

Operatschoon

سی تی اسکن
CT

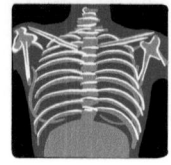

پرتونگاری
Dörchlüchten

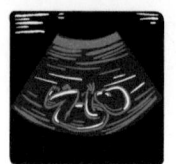

سونوگرافی
Ultraschall

ماسک صورت
Mask

بیماری
Krankheit

اتاق انتظار
Töövruum

چوب زیر بغل
Krück

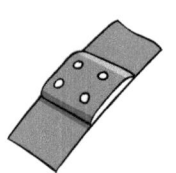

چسب زخم
Plaaster

پانسمان
Verband

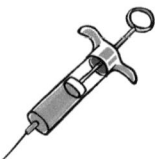

تزریق
Insprütten

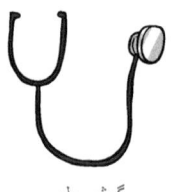

گوشی طبی
Stethoskop

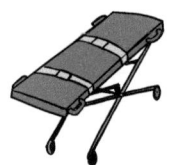

برانکار
Draag

دماسنج
Feverthermometer

زایش
Geboort

اضافه وزن
Övergewicht

سمعک
Höörapparat

ماده ضد غفونی کننده
Kiemfriemiddel

عفونت
Ansteken

ویروس
Virus

اچ آی وی / ایدز
HIV / AIDS

دارو
Heelmiddel

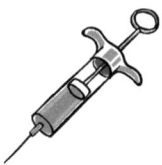

واکسیناسیون
Impen

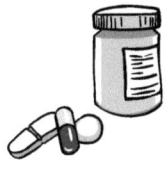

قرص
Tabletten

قرص ضد حاملگی
Pill

تماس اظطراری
Nootroop

دستگاه اندازه گیری فشارخون
Blootdruck-Meter

مریض / سالم
krank / gesund

موقعیت اضطراری

Nootfall

کمک!

Hölp!

آژیر خطر

Alarm

حمله

Överfall

حمله ی فیزیکی

Angreep

خطر

Gefohr

خروج اظطراری

Nootutgang

آتش

Füer!

کپسول آتش‌نشانی

Füerlöscher

تصادف

Unfall

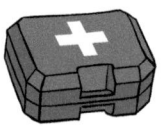

جعبه کمک های اولیه

Noothölpkoffer

درخواست کمک

SOS

پلیس

Polizei

کره زمین

Eerd

اروپا

Europa

آمریکای شمالی

Noordamerika

آمریکای جنوبی

Süüdamerika

آفریقا

Afrika

آسیا

Asien

استرالیا

Australien

اقیا نوس اطلس

Atlantik

اقیانوس آرام

Pazifik

اقیانوس هند

Indisch Weltmeer

اقیا نوس اطلس جنوبی

Antarktisch Weltmeer

اقیانوس منجمد شمالی

Arktisch Weltmeer

قطب شمال

Noordpol

کره زمین - Eerd

77

قطب جنوب
....
Süüdpol

قاره قطب جنوب
....
Antarktis

کره زمین
....
Eerd

سرزمین
....
Land

دریا
....
See

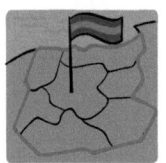

جزیره
....
Eiland

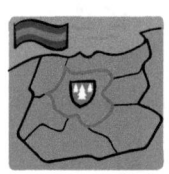

ملت
....
Natschoon

کشور
....
Staat

Klock

صفحه ی ساعت

Tallenblatt

ساعت شمار

Stunnenwieser

دقیقه شمار

Minutenwieser

ثانیه شمار

Sekunnenwieser

ساعت چند است؟

Wo laat is dat?

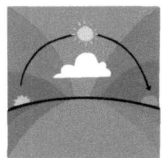

روز

Dag

زمان

Tiet

اکنون

nu

ساعت دیجیتال

digetaalsch Klock

دقیقه

Minuut

ساعت

Stunn

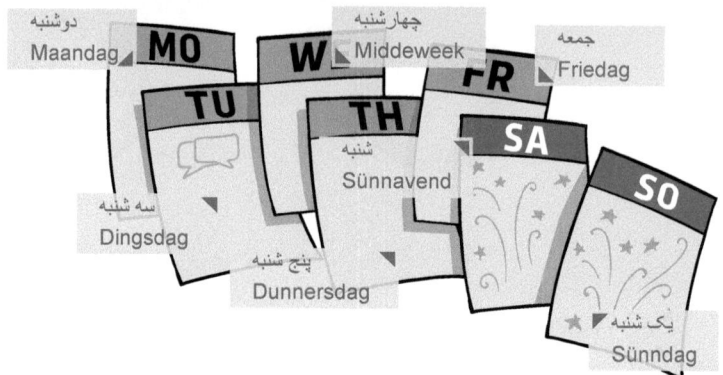

هفته

Week

دوشنبه
Maandag
MO
سه شنبه
Dingsdag
TU
چهارشنبه
Middeweek
W
پنج شنبه
Dunnersdag
TH
جمعه
Friedag
FR
شنبه
Sünnavend
SA
یک شنبه
Sünndag
SO

2
1

دیروز
....
güstern

2

امروز
....
hüüt

3

فردا
....
morgen

صبح
....
Morgen

ظهر
....
Meddag

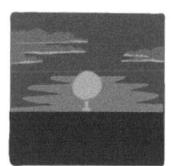

غروب
....
Avend

MO TU WE TH FR SA SU
1 2 3 4 5 6 7
8 9 10 11 12 13 14
15 16 17 18 19 20 21
22 23 24 25 26 27 28
29 30 31 1 2 3 4

روزهای کاری
....
Arbeitsdaag

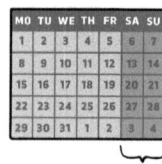

MO TU WE TH FR SA SU
1 2 3 4 5 6 7
8 9 10 11 12 13 14
15 16 17 18 19 20 21
22 23 24 25 26 27 28
29 30 31 1 2 3 4

آخر هفته
....
Wekenenn

Johr

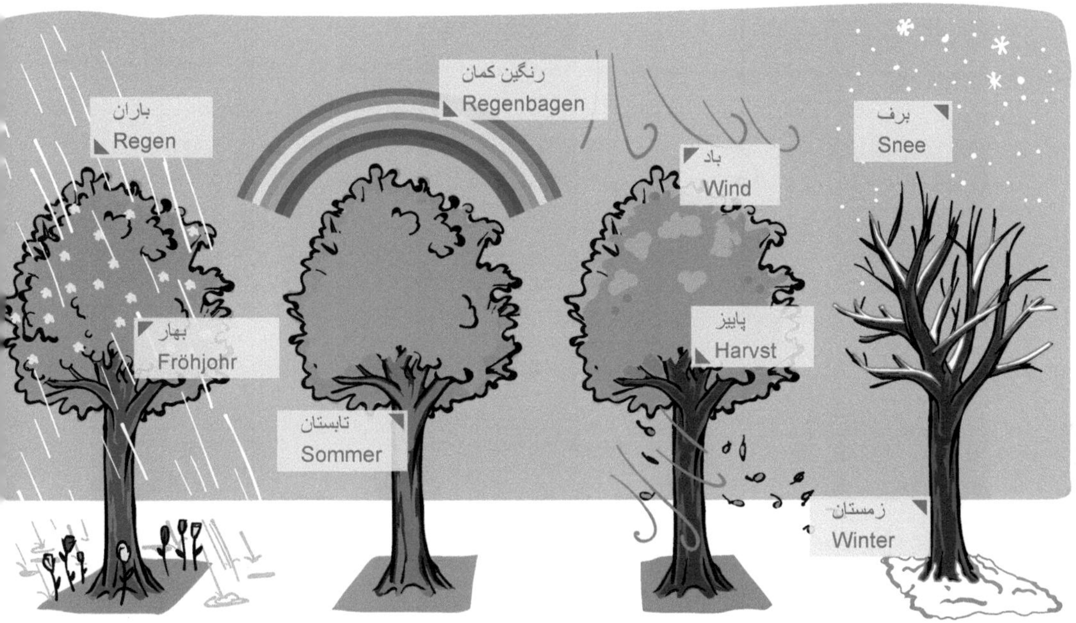

باران
Regen
رنگین کمان
Regenbagen
باد
Wind
برف
Snee
بهار
Fröhjohr
تابستان
Sommer
پاییز
Harvst
زمستان
Winter

4.APRIL 11°
5.APRIL 4°
6.APRIL 13°
7.APRIL 8°
8.APRIL 10°

پیش‌بینی اوضاع جوی

....

Wedervörhersaag

F
0
10
0
-10

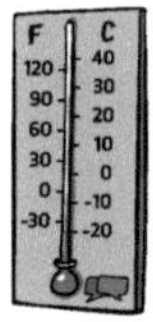

دماسنج

....

Thermometer

تابش آفتاب

....

Sünnenschien

ابر

....

Wulk

مِه

....

Nevel

رطوبت هوا

....

Luftfuchtigkeit

صاعقه
....
Blitz

آسمان غره
....
Dunner

طوفان
....
Storm

تگرگ
....
Hagel

باد موسمی
....
Monsun

سیل
....
Floot

یخ
....
Ies

ژانویه
....
Januormaand

فوریه
....
Februormaand

مارس
....
Martmaand

آوریل
....
Aprilmaand

مه
....
Maimaand

ژوئن
....
Junimaand

ژوئیه
....
Julimaand

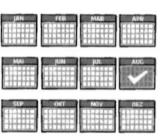

آگوست
....
Augustmaand

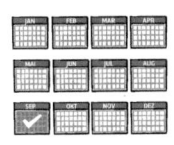

سپتامبر

....

Septembermaand

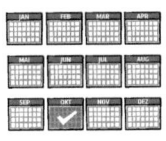

اکتبر

....

Oktobermaand

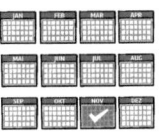

نوامبر

....

Novembermaand

دسامبر

....

Dezembermaand

آشکال

Formen

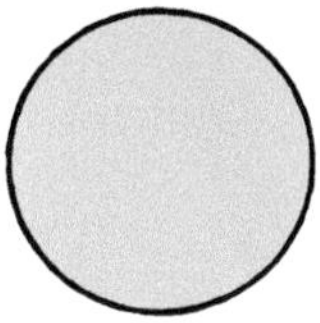

دایره

....

Krink

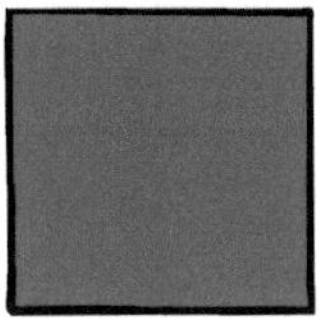

مربع

....

Quadrat

مستطیل

....

Rechteck

سه گوش

....

Dreeeck

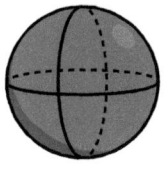

کُره

....

Kugel

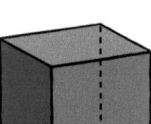

مکعب مربع

....

Wörpel

رنگ ها

Farven

سفید
....
witt

زرد
....
geel

نارنجی
....
orangsch

صورتی
....
pink

قرمز
....
root

بنفش
....
lila

آبی
....
blau

سبز
....
gröön

قهوه ای
....
bruun

خاکستری
....
gries

سیاه
....
swart

متضاد ها

Gegendelen

خیلی / کم

....

veel / wenig

خشمگین/ آرام

....

böös / verdreeglich

زیبا / زشت

....

smuck / mies

شروع / پایان

....

Begünn / Enn

بزرگ / کوچک

....

groot / lütt

روشن / تیره

....

hell / düüster

برادر / خواهر

....

Broder / Süster

تمیز / آلوده

....

schier / schietig

کامل / ناقص

....

kumpleet / nich kumpleet

روز / شب

....

Dag / Nacht

مرده / زنده

....

doot / lebennig

پهن / باریک

....

breet / small

قابل خوردن / غیر قابل خوردن

geneetbor / nich geneetbor

غضبناک / مهربان

böös / fründlich

هیجان زده / بی حوصله

fickerig / langwielt

چاق / لاغر

dick / dünn

اولین / آخرین

toeerst / toletzt

دوست / دشمن

Fründ / Fiend

پر / خالی

vull / leddig

سفت / نرم

hart / week

سنگین / سبک

swoor / licht

گرسنگی / تشنگی

Smacht / Döst

مریض / سالم

krank / gesund

غیرقانونی / قانونی

nich na't Recht / na't Recht

باهوش / خنگ

klook / dummerhaftig

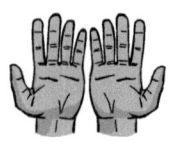

چپ / راست

linkerhand / rechterhand

نزدیک / دور

neeg / feern

نو / استفاده شده

nieg / bruukt

هیچ چیز / چیزی

nix / wat

پیر / جوان

oolt / jung

روشن / خاموش

an / ut

باز / بسته

apen / slaten

آهسته / بلند

lies / luut

ثروتمند / فقیر

riek / arm

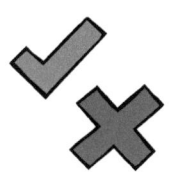

درست / غلط

richtig / verkehrt

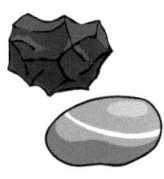

زبر / صاف

ruug / glatt

غمگین / خوشحال

trurig / glücklich

کوتاه / بلند

kort / lang

کند / تند

suutje / flink

تُر / خشک

natt / dröög

گرم / خنک

warm / köhl

جنگ / صلح

Krieg / Freden

متضاد ها - Gegendelen

اعداد
Tallen

0	1	2
صفر	یک	دو
null	een	twee
3	4	5
سه	چهار	پنج
dree	veer	fief
6	7	8
شش	هفت	هشت
söss	söven	acht
9	10	11
نه	دَه	یازده
negen	teihn	ölven

12

دوازده
....
twölf

13

سیزده
....
dörteihn

14

چهارده
....
veerteihn

15

پانزده
....
föffteihn

16

شانزده
....
sössteihn

17

هفده
....
söventeihn

18

هجده
....
achtteihn

19

نوزده
....
negenteihn

20

بیست
....
twintig

100

صد
....
hunnert

1.000

هزار
....
dusend

1.000.000

میلیون
....
million

زبان ها
Spraken

انگلیسی

Engelsch

انگلیسی آمریکایی

Amerikaansch Engelsch

چینی ماندارین

Chineesch Mandarin

هندی

Hindi

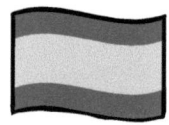

اسپانیایی

Spaansch

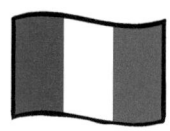

فرانسوی

Franzöösch

عربی

Araabsch

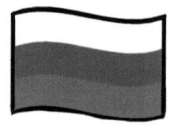

روسی

Rusch

پرتغالی

Portugiesch

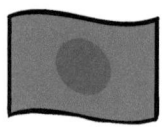

بنگالی

Bengaalsch

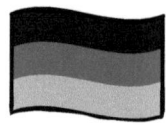

آلمانی

Düütsch

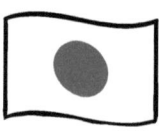

ژاپنی

Japaansch

چه کسی / چه چیزی / چگونه

wokeen / wat / wo

من

ik

تو

du

او

he / se / dat

ما

wi

شما

ji

آنها

se

چه کسی؟ کی؟

keen?

چی؟

wat?

چگونه؟

woans?

کجا؟

woneem?

کِی؟

wannehr?

نام

Naam

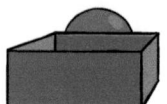

کجا

wo

پشت

achter

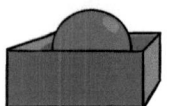

توی

in

جلو

vör

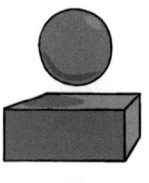

بالای

över

روی

op

زیر

ünner

مجاور

blangen

بین

twüschen

مکان

Oort